BEI GRIN MACHT SICH IHR WISSEN BEZAHLT

- Wir veröffentlichen Ihre Hausarbeit,
  Bachelor- und Masterarbeit

- Ihr eigenes eBook und Buch -
  weltweit in allen wichtigen Shops

- Verdienen Sie an jedem Verkauf

Jetzt bei www.GRIN.com hochladen
und kostenlos publizieren

Bibliografische Information der Deutschen Nationalbibliothek:

Die Deutsche Bibliothek verzeichnet diese Publikation in der Deutschen National-
bibliografie; detaillierte bibliografische Daten sind im Internet über http://dnb.d-
nb.de/ abrufbar.

Dieses Werk sowie alle darin enthaltenen einzelnen Beiträge und Abbildungen
sind urheberrechtlich geschützt. Jede Verwertung, die nicht ausdrücklich vom
Urheberrechtsschutz zugelassen ist, bedarf der vorherigen Zustimmung des Verla-
ges. Das gilt insbesondere für Vervielfältigungen, Bearbeitungen, Übersetzungen,
Mikroverfilmungen, Auswertungen durch Datenbanken und für die Einspeicherung
und Verarbeitung in elektronische Systeme. Alle Rechte, auch die des auszugsweisen
Nachdrucks, der fotomechanischen Wiedergabe (einschließlich Mikrokopie) sowie
der Auswertung durch Datenbanken oder ähnliche Einrichtungen, vorbehalten.

Impressum:

Copyright © 2019 GRIN Verlag
Druck und Bindung: Books on Demand GmbH, Norderstedt Germany
ISBN: 9783346126238

Dieses Buch bei GRIN:

https://www.grin.com/document/514781

Noah Leber

Erstellen eines Trainingsplans zur Verbesserung der Beweglichkeit und Koordination

GRIN Verlag

GRIN - Your knowledge has value

Der GRIN Verlag publiziert seit 1998 wissenschaftliche Arbeiten von Studenten, Hochschullehrern und anderen Akademikern als eBook und gedrucktes Buch. Die Verlagswebsite www.grin.com ist die ideale Plattform zur Veröffentlichung von Hausarbeiten, Abschlussarbeiten, wissenschaftlichen Aufsätzen, Dissertationen und Fachbüchern.

Besuchen Sie uns im Internet:

http://www.grin.com/

http://www.facebook.com/grincom

http://www.twitter.com/grin_com

Deutsche Hochschule für

Prävention und Gesundheitsmanagement

Hermann Neuberger Sportschule 3

66123 Saarbrücken

Einsendeaufgabe

Fachmodul:	Trainingslehre 3
Studiengang:	Fitnessökonomie
Datum **Präsenzphase:**	18.11.-20.11.19
Name, Vorname:	Leber, Noah
Studienort:	**München**
Semester:	**WS, 17**

Inhaltsverzeichnis

1 Personendaten

Name	Herr K.
Alter	20 Jahre
Geschlecht	männlich
Größe	173 cm
Gewicht	75 kg
Berufliche Tätigkeit	Vollzeitstudent
Frühere sportliche Tätigkeiten	Volleyball von acht bis 17 Jahren Vereinsschwimmen von neun bis 18 Jahren
Aktuelle sportliche Tätigkeit	Seit 10 Jahren Amateurfußball 2x wöchentlich Seit 2 Jahren Krafttraining 3x wöchentlich
Trainingsmotive	Allgemeine Beweglichkeit fördern, dem vielen Sitzen in der Universität entgegenwirken, Beweglichkeitsdefizit in der Hüftbeugemuskulatur ausgleichen, Allgemeinen Gleichgewichtssinn verbessern
Zeitl. Verfügungs-rahmen	3-4x pro Woche, 60-90 Minuten
Allgemeiner Gesundheitszustand	Keine orthopädischen, oder internistischen Probleme bekannt, keine Einnahme von Medikamenten, keine ärztliche Behandlung, Zeitweise Verspannungen im unteren Rücken

Herr K. hat keine gesundheitlichen Einschränkungen. Im Hinblick auf die folgende Trainingsplanung gehen aus den Personendaten keine Einschränkungen hervor. Die sportlichen Tätigkeiten lassen auf einen durchschnittlichen Fitnesszustand schließen. Das vom Trainierenden subjektives empfundenes Beweglichkeitsdefizit könnte aufgrund der dauerhaften sitzenden Tätigkeit auftreten, dieses muss jedoch erst durch die Beweglichkeitstestung belegt werden.

2 Beweglichkeitstestung

Um objektiv Muskelschwächen und Beweglichkeitsdefizite zu ermitteln wird der verein-
fachte Muskelfunktionstest nach Janda (2000) angewendet. Für einen reibungslosen Ablauf
wird die Testperson im Vorfeld informiert, lockere Kleidung zu tragen und geduscht zu
erscheinen. Es werden folgende Muskelgruppen bilateral nacheinander durch einen geschulten Mitarbeiter getestet:

2.1 Brustmuskulatur (M. pectorialis major)

Die Testperson liegt in Rückenlage auf einer Behandlungsliege mit angestellten Beinen zur
Beckenfixierung, dabei haben die Füße vollen Kontakt zur Liege. Die Testperson liegt seit-
lich an der Kante der Liege, sodass der zu testende Arm überhängen kann. Der Thorax
wird von dem Therapeuten leicht mit der Hand fixiert. Zur zusätzlichen Stabilisierung der
LWS spannt der Proband die Bauchmuskulatur an. Nun wird der Arm im Schultergelenk
abduziert und außenrotiert. Das Ellenbogengelenk wird in einen Winkel von 90 Grad ge-
bracht. Für die Testung gilt die Position des Oberarms im Verhältnis zur Horizontalen.

Tabelle 2: Testauswertung Brustmuskulatur (nach Janda, 2000, S. 271)

Stufe 0: Keine Beweglichkeitsdefizite	Oberarm erreich Horizontale
Stufe 1: Leichte Beweglichkeitsdefizite	Oberarm erreicht Horizontale nur durch leich-ten Druck des Testers
Stufe 2: Deutliche Beweglichkeitsdefizite	Oberarm erreich Horizontale auch durch Druck des Testers nicht

2.2 Hüftbeugemuskulatur (besonders M. iliopsoas)

Der Proband liegt in Rückenlage auf der Behandlungsliege, das Gesäß schließt bündig mit
der Liege ab, sodass beide Beine überhängen. Jetzt zieht der Proband ein Bein angewinkelt
entweder allein oder mit Hilfe des geschulten Mitarbeiters maximal zum Oberkörper heran.
Das Knie wandert somit zum Thorax, während das zu testende Bein im Überhang bleibt.

Das Becken bleibt auf der Behandlungsliege und die LWS bleibt fixiert. Dabei beobachtet der Tester die Hüftflexion des freien Beines. Es wird auf die Position des freien Oberschenkels im Verhältnis zur Körperlängsachse geachtet.

Tabelle 3: Testauswertung Hüftbeugemuskulatur (nach Janda, 2000, S. 259)

Stufe 0: Keine Beweglichkeitsdefizite	Oberschenkel erreicht Horizontale
Stufe 1: Leichte Beweglichkeitsdefizite	Durch leichten Druck des Testers kann der Oberschenkel bis in die Horizontale bewegt werden
Stufe 2: Deutliche Beweglichkeitsdefizite	Oberschenkel erreicht Horizontale auch durch Druck des Testers nicht

2.3 Kniestreckmuskulatur (besonders M. rectus fermoris)

Ausgangsposition dieser Testung ist die Endposition aus der Testung der Hüftbeugemuskulatur (siehe 2.2). Nachdem ein Bein erneut angewinkelt und maximal an den Körper herangezogen wurde, wird das Gegenebin im maximal möglichen Hüftextentionswinkel durch den Tester fixiert. Nun wird der maximal mögliche Kniebeugewinkel ermittelt. Als Messbereich wird hier der Winkel zwischen Unter- und Oberschenkel verwendet. Um hier eine Manipulation der Testergebnisse zu vermeiden, werden durch Zug des Testers am angewinkelten Bein das Becken und die LWS fixiert. So wird ein Anheben des Beckens oder eine Hyperlordose vermieden.

Tabelle 4: Testauswertung Kniestreckmuskulatur (nach Janda, 2000, S. 259)

Stufe 0: Keine Beweglichkeitsdefizite	Unterschenkel hängt senkrecht herab
Stufe 1: Leichte Beweglichkeitsdefizite	Unterschenkel erreicht 90° im Kniegelenk durch Druck des Testers
Stufe 2: Deutliche Beweglichkeitsdefizite	Unterschenkel erreicht 90° im Kniegelenk auch durch Druck des Testers nicht

2.4 Kniebeugemuskulatur (Mm. Ischiocrurales)

Die Testperson liegt in Rückenlage auf der Behandlungsliege, das nicht getestete Bein wird auf der Liege angestellt, Knie und OSG sind vertikal auf einer Ebene. Das Becken und die LWS sind fixiert. Das zu testende Bein wird bei gestrecktem Kniegelenk in die maximal mögliche Hüftflexion geführt. Der Messwinkel ist hier der Winkel zwischen Longditudinalachse und Beinachse.

Tabelle 5: Testauswertung Kniebeugemuskulatur (nach Janda, 2000, S. 262)

Stufe 0: Keine Beweglichkeitsdefizite	Flexion im Hüftgelenk von 90° ist möglich
Stufe 1: Leichte Beweglichkeitsdefizite	Flexion im Hüftgelenk ist zwischen 80-90° möglich
Stufe 2: Deutliche Beweglichkeitsdefizite	Flexion im Hüftgelenk ist nur unter 80° möglich

2.5 Wadenmuskulatur (Mm. Triceps surae)

Die Testperson nimmt erneut eine Rückenlage auf der Behandlungsliege ein. Das zu testende Bein ist gestreckt und der Unterschenkel ragt zur Hälfte über das Ende der Liege heraus. Das andere Bein steht gebeugt mit dem Fuß auf der Liege. Der Therapeut greift mit der einen Hand das Bein distal am Fersenbein und mit der anderen Hand den Fuß an der Fußaußenkante. Nun übt er einen Zug an der Ferse und einen Druck mit dem Daumen am äußeren Fußrand in Richtung Schienbein aus. Somit wird eine maximale Dorsalextension erreicht.

Tabelle 6: Testauswertung Wadenmuskulatur (nach Janda, 2000, S. 255)

Stufe 0: Keine Beweglichkeitsdefizite	Dorsalextension bis mindestens 0° Stellung möglich
Stufe 1: Leichte Beweglichkeitsdefizite	Die 0° Stellung kann nicht erreicht werden, Dorsalextension ist aber möglich
Stufe 2: Deutliche Beweglichkeitsdefizite	Dorsalextension ist nur bis 10° unterhalb der 0° Stellung möglich

Im Folgenden wird die Testung anhand der oben genannten Kriterien an Herr K. durchgeführt.

Tabelle 7: Testauswertung am Probanden Herr K.

	Stufe 0		Stufe 1		Stufe 2	
	Links	Rechts	Links	Rechts	Links	Rechts
M. pectorialis major			x	x		
M. iliopsoas	x	x				
M. rectus femoris			x	x		
Mm. ischio-crurales	x	x				
Mm. Triceps surae	x	x				

Durch die Beweglichkeitstestung hat sich die eingeschränkte Beweglichkeit, welche die Testperson angegeben hat, bestätigt. Diese lässt sich auf eine lange, dauerhafte gebeugte Hüft- und Kniegelenksposition zurückführen, welche der Proband in der Universität und insbesondre zu Hause beim Lernen im Sitzen einnimmt. Zudem konnte eine leichte Einschränkung in der großen Brustmuskulatur festgestellt werden. Ursache dafür können ein Rundrücken und die Arme in vorgehaltener Lage beim Schreiben sein. Diese Defizite werden in der Trainingsplanung für das Beweglichkeitstraining besonders berücksichtigt.

3 Trainingsplanung Beweglichkeitstraining

3.1 Dehnprogramm: Belastungsgefüge

Da der Proband regelmäßig Ausdauersport und Krafttraining betreibt und im Vergleich zu einem Einsteiger ohne sportlichen Hintergrund über eine erhöhte Muskelraft und Belastbarkeit verfügt, wird er nicht als Einsteiger eingestuft. Durch das Dehntraining im Rahmen des Fußballtrainings ist bei Herr K. eine gewisse Vorerfahrung vorhanden. Auch die koordinativen Fähigkeiten werden bei Herrn K. wegen der Ausübung verschiedenster Sportarten nicht als limitierender Faktor in verschiedenen Dehnübungen angesehen. Sinnvoll wäre eine Trainingshäufigkeit von drei bis vier Mal pro Woche um die Beweglichkeit zu verbessen (Rancour, Holmes & Cipriani, 2009). Diese Häufigkeit liegt auch im zeitl. Verfügungsrahmen des Probanden. Eine Dehndauer von bis zu 45 Sekunden ist als ausreichend zu betrachten, wobei die Spannung jeweils für mindestens 10 Sekunden aufrecht gehalten werden sollte. Nach Walker (2014, S. 43) lassen sich beim Dehnen bis zur Dehnschwelle optimale Resultate erzielen. Das Training wird an belastungsfreien Tagen absolviert, es steht keine direkte sportliche Belastung vor oder nach dem Dehntraining an.

Tabelle 8:Zusammengefasste Belastungsparameter Dehntraining

Trainingshäufigkeit pro Woche	3-4
Serienzahl	3
Dehndauer (statisch und dymanisch)	30-45 Sekunden
Intensität	Dehnschwelle

3.2 Übungsauswahl und Erklärung

Die in Tabelle 9 gelisteten Übungen werden nachfolgend separat erklärt. Zur besseren Übersicht werden in der Tabelle 9 nur die primär gedehnten Muskelgruppen benannt.

Tabelle 9: Übungsauswahl, Zielmuskulatur und Methode für das Dehntraining

	Übung	Gedehnte Muskulatur	Dehnmethode
1	Nacken	M. trapezius pars descendens	Passiv, statisch
2	Brust, Rücken, Bauch	M. pectoralis major	Passiv, statisch
		M. pectoralis minor	
		M. rectus abdominis	
		M. obliuus externus abd.	
		M. obliquus internus abd.	
		M. latissimus dorsi	
		M. erecor spinae	
	Übung	Gedehnte Muskulatur	Dehnmethode
3	Schulter	M. deltoideus pars spinalis	Aktiv, statisch
		M. latissimus dorsi	
		M. rhomboideus major	
		M. infraspinatus	
		M teres minor	
4	Brust	M. pectoralis major	Aktiv, dynamisch
		M. deltoideus pars clavicularis	
		M. biceps brachii	
5	Oberschenkel-vorderseite	M. quadriceps femoris	postisometrisch
		M. sartorius	
6	Oberschenkel-rückseite	M. gluteus maximus	Passiv, statisch
		M. semitendinosus	
		M. semimembranosus	
		M. biceps femoris	

7	Adduktoren	M. semitendinosus	Passiv, dyna-misch
		M. semimembranosus	
		M. garcilis	
		M. adducor magnus	
		M. adductor longus	
		M. gluteus maximus	
		M. eretor spinae	
		M. latissimus dorsi	
8	Abduktoren/Hüfte	M. gluteus medius	Passiv, statisch
		M. gluteus minimus	
		M. tensor fasciae latae	
9	Gesäß	M. gluteus maximus	Passiv, statisch
		M. piriformes	
10	Waden	M. gastrocnemius	Passiv, dyna-misch
		M. soleus	

3.2.1 Nacken

Proband sitzt locker und mit einem geraden Rücken auf einem Stuhl. Nun nimmt er die rechte Hand auf den Hinterkopf. Der linke Arm hängt nach unten. Die Dehnung entsteht durch einen leichten Zug mit der rechten Hand nach rechts und einer simultanen Depression des linken Schultergürtels. Diese Spannung wird statisch 30 Sekunden gehalten, danach wird direkt die Seite gewechselt. Nach einer Pause von 15 Sekunden wird die nächste Serie gestartet. Es werden 3 Sätze pro Seite absolviert. Diese sehr alltagsnahe Übung kann Nackenverspannungen vorbeugen (Kokkonen & Nelson, 2015, S.2), welche durch eine dauerhafte sitzende Tätigkeit mit vorgebeugtem Kopf beim Lernen entstehen kann.

3.2.2 Brust, Rücken, Bauch

Die Testperson steht mit einem stabilen Stand (Rücken ist gerade, Kopf in Verlängerung zur WS, Füße stehen hüftbreit und die Knie sind leicht gebeugt). Nun wird ein Bein hinter das andere gestellt und die Arme werden leicht gebeugt über den Kopf gestreckt. Dabei umgreift ein Handgelenk das andere. Um die Dehnposition einzunehmen neigt der Proband nun seinen Oberkörper möglichst weit zur rechen Seite. Die passiv-statische Dehnung wird für 30 Sekunden gehalten. Nach einer Pause von 15 Sekunden wird die andere Seite gedehnt. Beide Körperseiten werden jeweils mit 3 Sätzen gedehnt.

3.2.3 Schulter

Ausgangsposition ist erneut der stabile Stand (siehe 3.2.2). Zusätzlich wird der rechte Arm leicht gebeugt auf Brusthöhe nach links bewegt. Um eine Dehnung im hinteren Bereich der Schulter zu erreichen wird durch Muskelkraft der Antagonisten der Arm soweit es geht nach links bewegt. Die aktiv-statische Position wird nacheinander bilateral für 45 Sekunden gehalten. Die Seiten können direkt gewechselt werden, jedoch wird eine Pause zwischen den Serien von 15 Sekunden festgelegt.

3.2.4 Brust

Der Proband steht mit einem stabilen Stand. Die leicht gebeugten Arme werden bis auf Schulterhöhe abduziert, die Daumen zeigen nach oben. Die aktive dynamische Dehnung entsteht durch Kontraktion agnostisch wirkenden Muskulatur (Rücken, hintere Schulter). Die Dehnposition wird für drei Serien mit jeweils 45 Sekunden reziprok eingenommen und wieder verlassen. Zu beachten ist hierbei, dass die Dehnintensität nur langsam erhöht werden sollte (Klion & Jacobson, 2013, S.3) um Zerrungen zu vermeiden.

3.2.5 Oberschenkelvorderseite

Der Proband liegt auf dem Bauch auf dem Boden. Eine Hand greift den gleichseitigen Fuß oberhalb des oberen Sprunggelenks. Das andere Bein bleibt gestreckt. Knie, Hüfte und Schultern behalten den Kontakt zum Boden bei. Nun Übt der Proband mit der Hand einen Zug auf das Bein aus, bis ein leichter Zug entsteht. In dieser Stellung kontrahiert die Testperson isometrisch die ischiocrurale Muskulatur für eine Dauer von 7 Sekunden. Danach wird die Muskulatur für 2-3 Sekunden entspannt und anschließend für 20 Sekunden passiv-statisch gedehnt. Es werden 3 Serien mit jeweils 20 Sekunden Pause durchgeführt.

3.2.6 Oberschenkelrückseite

Der Proband liegt auf einer Unterlage auf dem Rücken, die Beine sind ausgestreckt. Das rechte Knie wird gebeugt und in Richtung Brust genommen während das linke Bein ausgestreckt liegen bleibt. Jetzt greift der Proband sein Bein in der Kniekehle mit beiden Händen. Die passiv-statische Dehnung entsteht durch das Heranziehen des Beines an die Brust und wird für 30 Sekunden gehalten.

Diese Übung ist besonders wirksam gegen Schmerzen oder Versteifungen im unteren Rücken, am Becken oder in der Hüfte (Kokkonen & Nelson, 2015, S.95), über welche Herr K. teilweise klagt.

3.2.7 Adduktoren

Die Testperson sitzt auf dem Boden in der maximalen Grätsche, die Beine sind gestreckt (Knie sind durchgedrückt). Die Hände der Testperson liegen auf den Oberschenkeln. Die Dehnung entsteht, indem Herr K. die Hände langsam nach vorne schiebt und den Oberkörper nach vorne lehnt. Wichtig ist hierbei ein gerader Rücken. Die Spannung wird 45 Sekunden lang erzeugt und wieder gelöst. Es werden 3 Sätze absolviert mit 15 Sekunden Pause dazwischen.

3.2.8 Abduktoren/Hüfte

Ausgangsposition ist liegend auf dem Rücken, Beine sind parallel gestreckt. Der Trainierende zieht ein Bein angewinkelt zum Oberkörper ran und dreht es zur anderen Körperseite hin. Um die Dehnung einzuleiten bewegt Herr K. mit einer Hand das Knie weiter an die gegenüberliegende Körperseite. Seine Schultern bleiben dabei dauerhaft am Boden. Beide Seiten werden drei Mal mit jeweils 30 Sekunden passiv-statisch gedehnt. Die Pausenzeit beträgt nach der Dehnung beider Seiten jeweils 15 Sekunden.

3.2.9 Gesäß

Herr K. liegt mit ausgestreckten Beinen auf dem Boden. Dann winkelt er das rechte Bein an und platziert den linken Fuß auf dem Oberschenkel. Die Dehnung wird erzeugt, indem der mit beiden Händen das rechte Bein umgreift und einen Zug in Richtung Brust ausübt. Die Spannung wird 30 Sekunden passiv-statisch gehalten. Nach einem direkten Seitenwechsel wird eine Pause von 15 Sekunden gemacht. Jede Seite wird mit drei Sätzen gedehnt.

3.2.10 Waden

Der Proband steht im stabilen Stand. Die Zehenspitzen zeigen nach vorne. Die Arme sind nach vorne gestreckt und haben Kontakt zur Wand. Der Körper bleibt während der Übungsausführung gestreckt. Die Fersen bleiben am Boden. Nun beugt der Trainierende die Arme und nimmt somit die Dehnposition ein. Durch leichtes wippen in den Armen hält der Trainierende die passiv-dynamische Spannung für 30 Sekunden. Danach kehrt er für 15 Sekunden in die Ausgangsposition zurück. Die Übung wird insgesamt drei Mal absolviert.

3.3 Begründung

Trotz gewissen Schwachstellen ist es immer ratsam alle wichtigen Muskelgruppen, sowie deren Antagonisten in ein Dehntraining einzubeziehen (Walker, 2014, S. 40). Um dem Trainierenden zu ermöglichen, sein Training zeitlich und lokal flexibel zu gestalten werden Übungen bevorzugt, welche alleine und ohne Hilfsmittel realisierbar sind. Ein effektiver Vorteil der aktiven Dehnmethode ist am Beispiel der Dehnübung für die Brust (siehe 3.2.4) dass die Aktivierung der antagonistischen Muskelgruppen zu deren Kräftigung beiträgt, welche die Körperhaltung begünstigen kann. Jedoch ist der Dehneffekt insbesondere bei der aktiv-statischen Dehnmethode relativ gering (Weineck, 2004, S, 324), weswegen sie nur einmal in das Training integriert wurde. Durch die aktiv-dynamische Dehnmethode kann hier mehr Spannung erzeugt werden. Diese haben durch erhöhte Spannungsspitzen ein erhöhtes Verletzungsrisiko aber weil Herr K. grundlegend mit Dehnübungen vertraut ist und allgemein eine gute Muskelkraft und Körperwahrnehmung besitzt wird, dieses minimiert. Da Herr K. ein Beweglichkeitsdefizit bei der Testung im M. rectus femoris aufweist, wird diese Muskelgruppe in Übung 5 (siehe3.2.5) mit der postisometrischen Dehnmethode gedehnt. Hierbei wird die inhibitorische Wirkung auf den Dehnungsreflex ausgenutzt. Das führt zu einer erweiterten Dehnstellung (Weineck, S. 362). Somit ist diese Form der Dehnung sehr effektiv und kann signifikante Verbesserungen bewirken.

4 Trainingsplanung Koordinationstraining

Das Koordinationstraining hat eine Schwerpunktsetzung auf die Schulung des Gleichgewichts.

4.1 Übungsauswahl und Erklärung

Zur besseren Übersicht bei der nachfolgenden Übungserklärung in Tabelle 10 wird die Ausgangsposition im Vorfeld nun erklärt. Somit konzentriert sich die spätere Erklärung der Übungen ausschließlich auf die jeweils spezifische Ausführung. Die Testperson hat einen aufrechten, hüftbreiten Stand, der Rücken ist gerade und der Kopf ist in Verlängerung zur Wirbelsäule. Die Kniegelenke sind leicht gebeugt. Das Becken wird durch Anspannen der Rumpfmuskulatur fixiert und die BWS wird durch Aktivierung der Rückenstrecker aufgerichtet (Chwilkowski, 2006, S. 65). Die Modellierung des kurzen Fußes nach Janda (Häfe-

14

linger & Schuba, 2007, S. 64) kommt zudem in Übung eins bis drei zum Tragen. Die Füße stehen schulterbreit und werden gleichmäßig über Ferse, äußeren Fußrand und Vorfuß belastet. Die Zehen werden minimal gespreizt und das Fußgewölbe wird leicht hochgezogen.

Tabelle 10: Übungsauswahl und Erklärung für das Koordinationstraining

	Übungsausführung
1	Einbeinstand (statisch)
	Ausgangsposition ist der stabile Stand. Der Proband stellt sich auf ein Bein, die Arme bleiben angelegt am Körper. Ausgeführt werden drei Sätze mit jeweils 15 Sekunden pro Seite. Zwischen den Seitenwechseln werden 20 Sekunden Pause eingehalten.
2	Einbeinstand mit geschlossenen Augen (statisch)
	Übungsausführung siehe Übung eins. Erschwerend werden nun die Augen geschlossen. Der Proband versucht 15 Sekunden das Gleichgewicht zu halten, danach kehrt er zurück in die Ausgangsposition. Nach 20 Sekunden Pause wird das Bein gewechselt. Insgesamt werden 2 Sätze pro Seite absolviert.
3	Zweibeinstand auf Therapiekreisel (statisch)
	Der Proband stellt sich in der Ausgangsposition auf den Therapiekreisel und hält für 40 Sekunden die Balance. Nach 45 Sekunden Pause wird die Übung noch zweimal ausgeführt.
4	Zweibeinstand auf Therapiekreisel mit geschlossenen Augen und leichter Impulsgebung durch Partner (statisch)
	Übungsausführung siehe Übung drei. Erschwerend werden erneut die Augen geschlossen und es erfolgt eine leichte Impulsgebung durch den Therapeuten an Schulter, Knie, Hüfte und Rücken. Insgesamt werden zwei Sätze mit jeweils 30 Sekunden durchgeführt. Die Pausenzeit beträgt 45 Sekunden.
5	Einbeinstand auf Therapiekreisel mit Verlagerung des Körperschwerpunktes (dynamisch)
	Zuerst wird erneut die Ausgangsposition auf dem Therapiekreisel eingenommen. Dann wird ein Bein nach hinten abgewinkelt, sodass der Trainierende auf einem Bein steht. Dann bewegt der Trainierende langsam und kontrolliert seinen Oberkörper im Uhrzeigersinn im Kreis und versucht dabei 5 kreisförmige Bewegungen zu absolvieren. Die Dauer für die Übung sollte zwischen 15-20 Sekunden betragen, was vom anwesenden Therapeuten überprüft werden kann. Insgesamt wird die Übung zweimal pro Seite ausgeführt mit einer Pausenzeit von 60 Sekunden.
6	Einbeinstand auf Therapiekreisel mit geschlossenen Augen und Störfaktor Ball (dynamisch)
	Der Trainierende steht in der Ausgangsposition auf dem Therapiekreisel. Er stellt sich auf ein Bein und schließt erneut die Augen. Nun übergibt er einen Ball über dem Kopf von einer Hand in die andere. Wenn er den Ball 15 mal übergeben hat, wiederholt er die Übung nach 60 Sekunden Pause auf dem anderen Standbein. Es werden zwei Sätze pro Standbein durchgeführt.

7	Ausfallschritte mit Fußgelenk im TRX und Armbewegung (dynamisch)
	Die Person macht einen Ausfallschritt, wobei sich das hintere Bein am Fußgelenk in der Schlaufe des TRX befindet. In der tiefen Position des Ausfallschritts wird dann ein Arm nach dem anderen seitlich bis auf Schulterhöhe angehoben und wieder gesenkt. Abwechselnd wird jeder Arm 5 mal angehoben und gesenkt. Nach 60 Sekunden Pause wird ein zweiter Satz durchgeführt, danach wird das Bein gewechselt und weitere 2 Serien ausgeführt.
	Übungsausführung
8	Ausfallschritte mit Fuß auf Aero-Step und Kopf im Nacken (statisch)
	Die Testperson macht wieder einen Ausfallschritt, nur in dieser Übung steht der vordere Fuß auf einem Aero-Step. In der tiefen Position nimmt der Trainierende den Kopf in den Nacken und versucht, für 20 Sekunden das Gleichgewicht zu halten. Insgesamt werden zwei Sätze mit dem rechten Fuß vorne absolviert und zwei mit dem linken Fuß vorne. Die Pausenzeit dazwischen beträgt 45 Sekunden.
9	Einbeinstand auf Aero-Step mit Flexibar (dynamisch)
	Der Trainierende geht erneut in die Ausgangsposition auf dem Aero-Step und stellt sich auf ein Bein. Er nimmt den Vibrationsstab horizontal auf Brusthöhe. Die Arme sind leicht gebeugt. Nun schwingt er den Stab für 30 Sekunden. Nach einer Pause von 30 Sekunden wechselt er das Standbein. Die Übung wird auf jeder Seite zweimal ausgeführt.
10	Einbeinstand auf Aerostep mit Veränderung der Körperlage und geschlossenen Augen(dynamisch)
	In der letzten Übung steht der Trainierende in Ausgangsposition auf dem Aero-Step. Erneut wird ein Bein nach hinten weg gestreckt und die Augen geschlossen. Nun versucht er, 5 kreisförmige Bewegungen mit dem Oberkörper zu machen und dabei das Gleichgewicht zu halten. Nach 45 Sekunden Pause wird die Übung mit dem anderen Standbein erneut durchgeführt. Insgesamt werden pro Standbein zwei Sätze absolviert.

4.2 Begründung

Da der Trainierende keine konkreten Anforderungen an das Koordinationstraining hat, wurde ein ganzheitliches Gleichgewichtstraining entworfen. Es gab keine bekannten Anhaltspunkte für ein Defizit, welches verstärkt geschult werden sollte. Die Methodik der progressiven Belastungssteigerung in der Trainingseinheit ist angelehnt an Chwilkowski (2006, S.56-58). Demnach wird bei den ersten beiden Übungen mit einem Training des propriozeptiven Systems begonnen. Geschult wird dabei die visueller Orientierung, das propriozeptiven System und das Vestibularorgan. Diese drei Faktoren verleihen dem Körper die Fähigkeit, das Gleichgewicht aufrecht zu erhalten. Aus diesem Grund werden die ersten beiden Übungen statisch auf stabilem Untergrund ausgeführt. Eine Schwierigkeitssteigerung ergibt sich zur zweiten Übung durch den Verlust der visuellen Orientierung, welche immer wieder als Steigerung der Komplexität Anwendung findet. Ab der dritten Übung ergibt sich eine weiter Steigerung der Schwierigkeit durch einen instabilen Untergrund. Um Herr K. langsam an die erhöhten Anforderungen zu gewöhnen, wird Übung drei auf instabilem Untergrund noch statisch ausgeführt. Danach wird auch hier ein erhöhter Schwierigkeitsgrad durch dynamische Bewegungen erzielt. Ab Übung sechs werden verschiedene Störfaktoren (hier instabiler Untergrund, geschlossene Augen und Bewegung mit dem Ball) in eine Übung integriert. Das Belastungsgefüge (siehe Tabelle 11) richtet sich ebenfalls nach den Erkenntnissen von Häfelinger und Schuba (2007, S. 61).

Tabelle 11: Belastungsgefüge Koordinationstraining

Trainingshäufigkeit	3-4 mal pro Woche
Trainingsdauer	Ca. 35 Minuten
Sätze	2-4 Sätze
Belastungsdauer statisch	5-15 Sekunden
Belastungsdauer dynamisch	5-15 Wiederholungen
Pausen	Bis 60 Sekunden

5 Literaturrecherche

In der nachfolgenden Literaturrecherche werden zwei Studien der gleichen Forschungsfrage verglichen, welche beide die Effekte des Dehnens auf die Verletzungsprophylaxe behandeln.

Tabelle 12: Studie 1 (Cross & Worrell, 1999)

Wer hat die Studie durchgeführt?	Cross, K. M. und Worrell, T.W.
Publikationsjahr	1999
Versuchspersonen	193 männliche Footballspieler
Versuchsaufbau	Es wurden 193 Footballspieler über 2 Jahre begleitet. Im ersten Jahr sollten sich alle Spieler vor dem Sprinttraining nicht dehnen (1994) und die Saison darauf (1995) sollten dieselben Spieler vor dem Sprinttraining dehnen. Gedehnt wurden die hintere und vordere Oberschenkelmuskulatur sowie die Adduktorengruppe und die Wadenmuskulatur.
Ergebnisse	In der ersten Saison, in welcher kein Dehntraining stattfand gab es insgesamt 155 Verletzungen, in der Saison mit Dehnübungen von dem Sprinttraining gab es 153 Verletzungen. Einen Unterschied jedoch ergaben die Verletzungen basierend auf Muskelzerrungen. Diese reduzierten sich von 43 auf 21 Verletzungen. Demnach lässt sich daraus schließen, dass Dehntraining vor Sprinttrainings die Gefahr von Zerrungen reduzieren lässt.

Tabelle 13: Studie 2 (Pope, et al, 2000)

Wer hat die Studie durchgeführt?	Pope, Herbert, Kirwan, Graham
Publikationsjahr	Feb, 2000
Versuchspersonen	1538 männliche australische Armeerekruten
Versuchsaufbau	Die Rekruten wurden nach dem Zufallsprinzip in eine Dehnungsgruppe (753 Rekruten) und eine Kontrollgruppe (803 Rekruten) aufgeteilt. Beide nahmen 11 Wochen lang an den gleichen Trainingseinheiten teil, während die Dehnungsgruppe vor intensiven Belastungen 6 unterschiedliche Muskeln der Beine jeweils für 20 Sekunden statisch gedehnt hat. Die Kontrollgruppe hat sich nicht gedehnt. Beide Gruppen absolvierten in besagtem Zeitraum 40 Trainingseinheiten. Dokumentiert wurden alle Verletzungen der Beine, welche zu einer mindestens dreitägigen Einschränkung führten.
Ergebnisse	In beiden Gruppen wurden in Summe 333 Verletzungen registriert. In der Kontrollgruppe kam es zu 175 Verletzungen, davon 120 Knochenverletzungen. Die übrigen 119 Verletzungen, davon 94 Knochenverletzungen ereigneten sich in der Gruppe, welche das Dehntraining absolvierte. Somit gab es keine signifikante Senkung der Verletzungen durch das Dehnprogramm

6 Literaturverzeichnis

Chwilkowski, C. (2006). *Medizinisches Koordinationstraining. "Verbesserung der Haltungs- und Bewegungskoordination durch Propriozeption"* (2. Aufl.). Köln: Dt. Trainer-Verl.

Cross, K. M. & Worrell, T. W. (1999). Effects of a Static Stretching Program on the Incidence of Lower Extremity Musculotendinous Strains. *Journal of Athletic Training, 34* (1), 11-14.

Häfelinger, U. & Schuba, V. (2007). *Koordinationstherapie - propriozeptives Training* (Wo Sport Spaß macht, 3., überarb. Aufl.). Aachen: Meyer & Meyer.

Janda, V. (Hrsg.). (2000). *Manuelle Muskelfunktionsdiagnostik* (4., überarb. und erw. Aufl.). München: Elsevier Urban & Fischer.

Klion, M. & Jacobson, T. (2013). *Triathlon Anatomie: Der vollständig illustrierte Ratgeber fu·r eine bessere Mehrkampf-Performance.* München: Copress-Verlag.

Kokkonen, J. & Nelson, A. G. (2015). *Stretching Anatomie. Der vollständig illustrierte Ratgeber für die anatomisch richtige Muskeldehnung und -kräftigung.* München: Stiebner Verlag.

Pope, R. P., Herbert, R. D., Kirwan, J. D. & Graham, B. J. (2000). A randomized trial of preexercise stretching for prevention of lower-limb injury. *Medicine and Science in Sports and Exercise, 32* (1), 271-277.

Rancour, J., Holmes, C. F. & Cipriani, D. J. (2009). The effects of intermittent stretching following a 4-week static stretching protocol: a randomized trial. *Journal of strength and conditioning research, 23* (8), 2217-2222.

Walker, B. (2014). *Anatomie des Stretchings. Mit der richtigen Dehnung zu mehr Beweglichkeit* (1., erw. und überarb. Aufl.). München: Riva.

Weineck, J. (2004). *Sportbiologie* (4. Aufl.). Balingen: Spitta.

7 Tabellenverzeichnis

BEI GRIN MACHT SICH IHR
WISSEN BEZAHLT

- Wir veröffentlichen Ihre Hausarbeit,
  Bachelor- und Masterarbeit

- Ihr eigenes eBook und Buch -
  weltweit in allen wichtigen Shops

- Verdienen Sie an jedem Verkauf

Jetzt bei www.GRIN.com hochladen
und kostenlos publizieren